LA DEMOCRATIE ET MOI

ou

Un crottin de Chavignol et une trousse à outils pour la route !

© 2013, Matescot
Edition : BoD - Books on Demand
12/14 rond-point des Champs Elysées
75008 Paris
Imprimé par BoD – Books on Demand, Norderstedt, Allemagne
ISBN : 9782322033805
Dépôt légal : Octobre 2013

A mes filles

SOMMAIRE :

INTRODUCTION

I   TROUSSES A OUTILS

I. 1   Outils d'antan
I. 2   Outils d'ici et de maintenant
          Première trousse à outils
          Deuxième trousse à outils

INTRODUCTION AUX ILLUSTRATIONS

II   ILLUSTRATIONS EN LA MINEUR
II.1   PETITE ENFANCE
II.2   ADOLESCENCE
II.3   COMMUNAUTES VIRTUELLES
II.4   SEXES OPPOSES

III   CONCLUSIONS DU LA MINEUR

IV   ILLUSTRATIONS EN DO MAJEUR

IV.1   BIO ATTITUDE VS CRYPTO ATTIDUDE
IV.2   AUTRES DIFFERENTES ATITUDES
IV.3   LE CROTTIN DE CHAVIGNOL
IV.4   UNE CERTITUDE ? C'EST COMPLIQUE !
IV.5   LES FRERES COEN

V ILLUSTRATIONS QUI PEUVENT FACHER

        INTRODUCTION AUX VARIATIONS SOBRES
V.1   DIFFERENTES RETRAITES
V.2   CULTURE D'ENTREPRISE
V.3   STRUCTURATION – DESTRUCTURATION
V.4   DEMOCRATIE PIETINNEE
V.5   REVOLUTIONS DANS LE MONDE
V.6   ILLUSTARIONS POLITICIENNES

VI CONCLUSION IN LIMINE

VII ILLUSTRATIONS PRIMORDIALES

VII.1 VELOS ET D'AUTRES MOUVEMENTS
VII.2 UNE BALADE SUR LA BUTTE MONTMARTRE
VII.3 UN ANNIVERSAIRE
VII.4 UN NOUVEAU COMMENCEMENT

VIII CONCLUSION IN FINE

INTRODUCTION

> « La passion générale et dominante de l'égalité bouleverse même la psychologie de l'homo democraticus. Il tend à devenir à ses propres yeux le centre de l'univers... Il veut que ses désirs soient immédiatement satisfaits. »
> Alexis de Tocqueville

Une fable

Non, il ne s'agit pas d'un pamphlet sur notre monde, mais d'une fable des temps actuels. A la différence des fables classiques, les personnages ne sont pas sélectionnés dans le règne animal, mais humain. Une certaine faune humaine qui pousse à l'extrême le fonctionnement de notre monde d'aujourd'hui, poussée à son tour par l'incurie ambiante ou piégée par l'ignorance latente. Elle se rapproche des êtres à queue et à plumes par cette légère mais néanmoins fâcheuse perte d'humanisme, qui nous guette depuis toujours et qui rattrape maintenant nos sociétés avancées, au fur et à mesure que ces dernières trouvent une réponse à tout et se criblent de solutions standard et des restrictions généralisées.

Ne nous trouvons-nous pas entourés aujourd'hui de personnages et de situations fabuleuses qui, par leur surréalisme et leur panache digne des oiseaux les plus exotiques descendus en ville, surprennent et passent allégrement dans un monde imaginaire et presque captivant, qui présente tous les signes d'une merveilleuse santé, sans, toutefois, garder le moindre sens de la réalité ?

La démocratie

En éternelle contradiction avec la Nature Humaine ?
Indigeste, car servie après les repas copieux
De l'Habitude, deuxième nature humaine ?
Inattendue, car tentée toujours à travers une révolution ?
Inachevée, car elle démarre en fanfare et finit en bagarre ?
Trop compliquée ?
Nous donne-t-elle des libertés tout en les limitant,
Nous assigne-t-elle des obligations enchevêtrées,
Aussi nombreuses que difficiles à faire respecter ?
Piégée, une fois bien installée, par un nivellement par le bas,
Celui du plus grand nombre, de voix ?
Détournée, au faîte de sa gloire, par une communication très futée,
Mariée à une consommation déchainée ?

Une fable, la démocratie ?

Le sens du mot démocratie dans ce récit :

Entendons-nous bien sur le sens du mot *démocratie* dans cette fable des temps modernes. Car il ne s'agit pas de son signifiant stricto sensu, à savoir le pouvoir du peuple (du grec *demos cratos*), en simple opposition avec un système non-démocratique, donc pyramidal comme, par exemple, une monarchie, une oligarchie ou une dictature, mais surtout de son signifiant social.

Penchons-nous désormais sur le signifié du mot démocratie, sa partie non perçue.

Convenons que le mot démocratie a commencé à s'user, dans son 25e siècle d'existence (si on veut remonter au 5e siècle avant Jésus, qui fut aussi celui de Périclès dans la Grèce antique).
En théorie, les dernières catégories humaines *oppressées,* les esclaves, les noirs et les femmes, ont récupéré leurs droits.
Tout le monde est servi, fin d'un premier acte.

Aujourd'hui on perçoit la démocratie plutôt comme un bien-être général, comme un cadre général de vie, comme un état d'esprit.

Depuis l'instauration d'une relative paix mondiale, de l'amorçage de la démocratisation des facilitateurs de vie quotidienne (électroménagers, voitures et prêt-à-porter) et des loisirs (dont les vacances en famille), qui à son tour coïncide avec le début de l'apogée de la croissance démographique, eh bien, depuis ces quelques décennies qui feront bientôt un siècle, la question que nous nous posons vis-à-vis de la démocratie est :

Est-ce que notre démocratie d'aujourd'hui est accueillante, paisible, saine et harmonieuse ?

Et en tant qu'êtres conscients et autonomes, nous nous doutons que la réponse à cette question est en nous et qu'elle ne saura jamais venir d'une quelconque entité extérieure à notre propre organisation de notre temps, de notre vie et de tout le reste. Et pour cela nous avons besoin de :

Un casse-croûte et une feuille de route !

Ou bien :

D'un crottin de Chavignol et de la bonne trousse à outils pour la route !

I   TROUSSES A OUTILS

I. 1 Outils d'antan

Premier prophète et première tentative
Elle échoue et est suivie d'une longue et symbolique,
Ou plutôt interminable et diabolique ?
Symptomatique ?
Traversée du déseeeert !

Moïse avance, serrant précieusement les tables remises par le Sachant,
Mais rude et intense fut sa déception, quand, descendant du Mont,
Il voit son peuple autour d'un veau d'or, mu par un autre sacré Tourbillon.

A quoi servent-ils ces commandements, quand les humains, si décevants,
Suivent leurs instincts et leurs pulsions, leurs chimères et leurs idoles,
Ils brûlent la mèche, se dépêchent et se délaissent à leurs tripes molles ?

Et lui, Moïse, qui voulait croire qu'une charge divine lui échût,
De rédemption. Là, il s'indigne, s'insurge et se remue,
Il se retourne vers le Divin, puis vers son peuple en cohue,

Il jette les tables ! A quoi bon ?
C'est sans espoir, une illusion !

Les autres prophètes et leurs tentatives :
Ils s'ensuivent, elles se ressemblent !
Et on voit à peine quelques pépites d'or dans le sable.

Vieux et sacré testament ! Mais regardez :
C'est là que la traversée du désert a commencé,
Aujourd'hui encore, cette traversée n'est pas achevée et,
Qui sait, si d'un petit chouia sommes-nous avancés.

Malgré le mouvement, endiablé.

Car, si vous consentiez à m'écouter,
A reprendre votre souffle fichtrement emballé,
Et regardiez un instant, autour de vous, la réalité installée,
Vous remarqueriez que, zut ! Rien n'a changé !

Que trente-six misérables, ou héroïques siècles n'ont pas dépoussiéré,
Les engrenages et les rouages de nos vies maintenant si évoluées
Et qui, grâce au mirage des temps modernes et avancés,
Seulement par une poussière d'étoiles et par un jeu de lumières sont saupoudrées :

Allons maintenant, ensemble, la décortiquer !

Avec des outils simples, que nous possédons.
Je vous donnerai juste quelques germes et quelques noyaux,
A travers d'éparses illustrations.
Plutôt dans le désordre et sans fil conducteur.
Afin que seuls, c'est le but, vous trouviez le décodeur.

I. 2   Outils d'ici et de maintenant

Car si, aux commencements de nos tribulations, des autorités symboliques, prophètes et sages, monarques de droit divin ou autres autorités qui sévissaient de leurs hautaines et transcendantes ambages, jetaient des lois et punissaient tous ceux qui y manquaient, Maintenant, dans l'occident, et plus généralement par tout ailleurs, on rejette tous les pédants et seuls nous fabriquons nos lois, comme le menu commun, la veille, dans une pension, comme le trajet d'une randonnée, selon qu'il pleuve ou qu'il fasse beau.

Finis, pour l'heure, les tables et les testaments,
Bulles, édictes et livres rouges, ou verts !
Des livres blancs, voilà ce qui reste comme structure,
Et qui consiste seulement dans leur reliure.

Au demeurant, oh combien autonomes,
Dieu nous le pardonne,
Nous possédons chacun notre trousse de vie,
Notre kit de sauvetage,
Et avec ça, plouf : on se jette dans l'engrenage.

Il y a deux trousses à outils, dans une seule et unique démocratie.
A l'intérieur, il y a des ustensiles, que j'ai numérotés de un à dix, pour être précis.

Ce dernier chiffre n'a aucune importance, ni relevance si ce n'est son auguste ascendance.

Première trousse à outils,
Celle observée par le Grand Statisticien :

La trousse à outils de ceux qui se laissent bercer par la démocratie :

1. Le pédopsychiatre, puis le psy tout court

2. La télé, comme prolongement du premier ustensile mais avec une autorité renforcée

3. Les communautés virtuelles, dont les sites d'échanges et de rencontres

4. Les courses alimentaires et la restauration *rapides*, entre deux clics ou deux zaps

5. Les marchands de bonheur physique : esthéticiens et embaumeurs de son vivant,

6. Les marchands de bonheur psychique : coach perso attitrés, sophrologues diplômés, chefs de bande ou de nouvelles religions douces ou bien de sectes dures

7. Les somnifères, la drogue

8. Le cercle des *desperates housewives* et celui des hommes incompris et abandonnés

9. Le Club Med

10. La Mort

En opposition avec celle-ci, avec laquelle vous êtes,
Sans réticence aucune, d'accord,
Il y a une autre, plus banale, voir idyllique,
Et je sais, vous allez me donner tort,
Et m'accuser d'enfantillage, de grotesque bavardage,
D'un discours bien poussiéreux,
Me traiter de ringard et me faire la leçon
Du long chemin de l'émancipation.

Ce n'est pas grave, je courbe l'échine,
Mais je refuse l'arrière-machine
Car même si elle est moins maline,
La trousse qui suit est encore et toujours bénigne !

Deuxième trousse à outils,

Celle qu'il ne faut pas monitoriser,
Car moyen sûr de la casser,

La trousse à outils de ceux qui veulent sauver la démocratie :

1. Une éducation, à demander à ses parents et/ou à donner à ses enfants

2. La culture est à la portée de tout le monde : s'en servir

3. Les amis, l'amour et une vie sociale modérée * mais active

4. Du temps et du plaisir pour une alimentation digne de ce nom

5. Le sommeil et l'activité physique

6. L'instruction personnelle et le parcours initiatique individuel

7. De la lecture le soir et du travail ** la journée

8. Les associations humanitaires, civiques ou politiques, le cercle de joueurs de boules ou de cartes de la ville

9. Les voyages découvertes

10. La transmission des valeurs *** essentielles *** aux générations à   venir.

(*)   le mot oublié

(**)   travail : le mot qui fâche

(***)   valeurs : le mot qui lasse et qui agace

(****) l'essentiel, qui est devenu banal et du coup oublié

INTRODUCTION AUX ILLUSTRATIONS

Les réflexions et les contes qui s'en suivent voudraient illustrer l'importance du choix d'une boîte à outils personnelle. Ces illustrations, par définition non-exhaustives, essaient de vous rapprocher sur des tonalités différentes, qui pourraient chatouiller, toucher, ou bien chahuter votre sensibilité, afin de vous pousser à la réflexion, à une réflexion individuelle.

II   ILLUSTRATIONS EN LA MINEUR

II.1   PETITE ENFANCE

Les enfants, qui, faute d'avoir une mère et un père à la fois, un quartier et un crédo, sont pris en charge par des spécialistes de leur « inévitable » échec, qui encouragent, ensemble, leur glissement sur les pentes desséchées de notre détournée, volée modernité. Quelque part ils ont raison, nos spécialistes, vénaux sauveurs, qui nous attaquent en meute, de connivence, et nous renvoient de l'un à l'autre, car chacun excelle dans son étroit créneau, mais tous ensembles, ils y arriveront, à nous ficher, à vie, comme clients fidèles et dépendants. Faut recréer les emplois détruits par ailleurs, alimenter la peur du lendemain ainsi générée et la transformer en psychose, un nouveau marché.

Mais les psys ne se contentent pas de rester dans leurs cabinets. Ils apparaissent dans le cadre noir de nos écrans extraplats, et nous manipulent le cerveau avec des gants flashy et de grimaces abouties. Les présentateurs de tous poils, vedettes ou pas, nous regardent du haut du cadre tant chéri, comme on regarde un enfant de trois ans : pour les questions : avec les yeux écarquillés, pour les réponses, les sourcils froncés : écoute moi bien : je t'explique la réalité : Dieu est mort, vive la télé !

II.2 ADOLESCENCE

Age des convictions aussi fortes que récentes,
Conviction que les adultes se trompent d'emblée,
Que la vie est ou *doit* être très accueillante,
Qu'il faut y plonger et s'enivrer.
Conviction que jamais l'âge ne les forcera à ressembler,
Pas pour un fil, à leurs ainés.

Il fut un temps ou la vie n'était guère tendance
Et beaucoup de choses manquaient déjà dès la joyeuse enfance.
Malgré ces temps difficiles, les jeunes regardaient la réalité en face,
Ils ne manquaient pas d'audace,
Pour y trouver leurs places.

Alors, il se passe quoi aujourd'hui ?
Quelle réalité ils et elles fuient ?
Vers quelle irréalité
Se laissent-ils si facilement entrainer ?

Jeune fille au réveil :

Le soleil chatouille les jalousies,
Et il caresse ma couette fleurie,
Ma chambre se dévoile, mon sang pétille,
Le jour se lève, mon cœur frétille,
Que ferais-je de cet Univers qui brille ?
Je glisse du lit et j'atterris,
Dans le salon : *Plus belle la vie !*

Des histoires d'amour sortent du tambour,
Comme des flocons de popcorn à gogo,
Un tas de passions ramassées pêle-mêle,
Sont jetées sans sauce dans la même gamelle.
Des beaux visages dans la télé,
De fond de teint bien saupoudrés,
Belles chevelures, gestes contrôlés,
Une harmonie ensorcelée,
Par la déesse du « *tout beauté* ».

Est-ce bien mon monde ?
Je me laisse tenter ? Par les images de *télé-vérité* ?
C'est mon dilemme, l'alternative est immédiate et facile,
Qui va me guider et qui vais-je croire,
Je me laisse bercer ? Ou vais-je chercher
Toute seule, *ma propre réalité* ?

II.3 COMMUNAUTES VIRTUELLES

Je trouve mes potes sur le réseau,
Ils y sont répertoriés, avec des mots clé,
Je trouve mes meufs sur l'étalage,
Même si issues du recyclage,
J'entraine ma tchatche, je trouve mon compte,
J'ai tous les badges et les passe-portes,
Je mate, je drague, je fais des listes, je trouve des pistes,
Je me débine pour des combines,
Je m'y adonne, puis j'abandonne, je ferme la boîte,
Siffle la recrée et je reprends ma liberté.
Je développe mon expression écrite, sauf quand elle devient délétère,
Et se fond dans le patois planétaire.
KEL importance ?
Je développe ma créativité,
En quête des nouvelles réalités !

II.4   SEXES OPPOSES

Ils restent opposés

Pendant des siècles la femme fut torturée,
Endolorie par la nature et par l'homme oppressée,
Entre deux accouchements un tas de grossièretés.
Mais au fur et à mesure que le voile s'est levé,
Des mysticismes et d'autres grands secrets,
A la lumière du jour furent remontés,
Et hop ! Voilà la femme libérée !

Mais attention, il ne faut pas jubiler :
La revanche de la femme ne fait que commencer !

Non, vous n'imaginez pas, quand même,
Que, pour la première fois sur le podium,
A la hauteur de l'homme,
Elle va se contenter de lui serrer la main,
En effaçant tout moult accumulé dédain.

Elle exploitera toutes vos faiblesses, et pire,
Votre cœur, s'il est vaillant, elle va le nourrir,
Jusqu'à ce qu'un autre homme vienne vous la ravir.
La nuit des temps lui a appris que, pince sans rire,
Le temps se moque de toute enchanteresse lyre,
Qui ignore que l'eternel amour chavire.

Vous, mâles, initialement ignorant la souffrance,
Mettez les choses dans l'ordre, mais oubliez la balance,
En fait de l'âme. Là se révèle votre ignorance,
En surface, au contact de l'expérience,
Quand votre amour s'envole vers les hautes sphères,
La femme aime, s'attache, mais reste terre-à-terre,
Toute en souplesse elle mène la danse !

Alors l'homme se replie
Et pour appeler l'oubli,
Il fait les courses et la cuisine
Elève enfants, fait l'intendance,
Il prend son mal en patience,
Mais, au lieu d'apprendre la tolérance,
Prépare, à son tour, sa revanche,
Attitude illusoire, contraire au sens de l'Histoire !

III LES CONCLUSIONS DU LA MINEUR

La vie, la mort

Bon. Pour ce qui est du *La mineur*,
On a fait le tour, n'est-ce pas ?
Quoi, il reste encore à dire, sur ce registre ?
Je ne crois pas. Tout le reste serait du bla-bla.

A peine parlé de l'âge adulte !

Mais il s'agit du La mineur
Restez légers, en vrais surfeurs,
Nous relèverons ça tout à l'heure,
Vous comprenez, en Do majeur !

Et de la Mort ?

Qui nous préoccupe tellement ?
Parce qu'on a peur à tout moment ?
Dans notre si fort Occident ?

Non, pas du tout, c'est trop banal :
En bonne issue du La mineur,
Elle se résume au ... point final.

IV ILLUSTRATIONS EN DO MAJEUR

IV.1 BIO ATTITUDE vs CRYPTO ATTIDUDE

Le but du progrès n'est pas de compliquer la vie, mais au contraire, de la simplifier, afin que nous puissions nous consacrer à notre épanouissement.

Ce n'est pas parce qu'on a des réponses spécialisées pour chaque question précise, que l'on doit perdre ou ignorer la vision d'ensemble des faits et des choses. Car nul ne le fera à notre place. Les seuls généralistes survivants de nos jours sont les prêtres et les philosophes et leur rôle est seulement de nous consoler quand on ne trouve pas de solution à un problème concret ou quand on redoute la mort.

Voilà un paradigme : *la meilleure réponse (ou solution) est la plus simple*. Prenons quelques exemples :

- je crains la constipation, je prends le temps pour cette besogne chaque matin ;

- je sens que je perds ma libido, je vais faire plus souvent l'amour ;

Ou encore :

- je fais des cauchemars, eh bien je vais aller plus tôt au lit, au lieu de me resservir un plat, un verre et un deuxième film sur mon écran domestique ;

- je n'ai pas d'amis, je vais passer plus de temps dehors et être plus sociable ;

- j'ai du mal à trouver une belle partenaire, ou un beau spécimen, mes chères dames, alors je vais me contenter d'un partenaire à la beauté plus discrète qui, en revanche, cache une bonne éducation et un moins mauvais caractère.

Les solutions compliquées aux problèmes des exemples précédents et qui feraient intervenir des spécialistes collants et sangsues seraient :

- aller voir mon médecin, qui va me prescrire un médoc, fort de quoi je vais continuer à snober l'importance de l'acte de déféquer et donc de l'attention et du temps qui doivent lui être impartis ; fort du remède extérieur, je me précipite sur la journée qui vient de commencer et quitte le chez moi sans observer mon devoir de bonne santé.
Bref, je prends mon médoc et je chie dans mon froc ;

- aller voir un psy, qui me fera faire un détour par l'enfance pour me rappeler les pires moments de frustration afin de m'encourager – voyons ! Et il va me soustraire pendant un bon moment de la vie réelle pour mettre ma tête sous l'eau imprévisible de mon inconscient ;
Et quand je pense au nombre de rencontres et de révélations personnelles que je rate pendant ce temps mort !

Ou bien et respectivement,

- Je vais aller m'emmerder sur des sites de rencontre, ou je retrouverai tous les paumés, ceux qui ont choisi depuis longtemps les solutions compliquées, encouragés à s'agglutiner dans des soirées sentimentalement kitchs et socialement nosocomiales, par les organisateurs soucieux d'abonder la liste des fichés sur leur site, afin d'encaisser le jackpot en vendant toutes ces identités égarées dans la tentation du consumérisme ambiant, en cédant ces spectres transformés en guirlandes d'octets à des marchands turbo, qui passeront à la vitesse supérieure et les transformeront définitivement en aimables et perpétuels clients.

A partir de là, je pourrais vous parler longtemps de plein d'autres faits et choses qui n'ont rien de maladif et que l'on pourrait traiter, dans un premier temps, spontanément et simplement, par nous-mêmes. Avant de céder aux sirènes des spécialistes, avec tout le commerce qui suit derrière.

Trouvons nous-mêmes les solutions simples aux problèmes simples de la vie. Car tant que la vie peut rester simple, qu'elle le reste !

IV.2 AUTRES DIFFERENTES ATTITUDES

Aussi il y a deux façons de se projeter dans le monde extérieur. Par exemple, quand je sors dans mon quartier, j'ai le choix :

- De regarder les gens avec amusement, compréhension, pourquoi pas avec amour, en appréciant leur diversité ainsi que le tableau drôle et chaleureux qu'ils peignent ensemble,
- Ou bien de les regarder comme des adversaires, des concurrents, des tricheurs et des potentiels voleurs ou agresseurs.

Aucun de ces deux points de vue n'est faux, mais notre état d'esprit et notre santé mentale ne seront pas les mêmes selon le choix que l'on fait.

On entend souvent dire : 'je le déteste !' et je me demande :

Comment peut-on *détester* quelqu'un ? On peut ne pas l'aimer, se sentir mal à l'aise en sa présence, le mépriser et avoir vraiment du mal à le supporter.

Mais le *détester* ? Que j'aie envie de lui administrer une correction, fut-elle verbale ou même physique, soit, mais vouloir le décapiter, du latin *de*, enlever, et *testa*, la tête, et bah non.

Pourquoi ? Car, *détester* quelqu'un, et puis, pourquoi pas, lui enlever la tête, ça ne me fait pas avancer, moi, moi, ou les autres, honorables ou *détestables* citoyens qui m'entourent.

Et en plus ça me mettrait dans un mauvais état d'esprit, ce qui me rendrait, eh bien, détestable à mon tour.

Enfin, je préfère « j'adooore », qui est aussi débile, mais en version édulcorée.

IV.3 LE CROTTIN DE CHAVIGNOL

La production annuelle des vins AOC est plafonnée. Pourquoi ne pas appliquer et faire respecter le même régime aux appellations contrôlées, indications géographiques protégées et autres certifications et labels de fromages, de viandes, de tomates, de pommes, et d'autres produits frais qui explosent en nombre et en beauté au détriment constant de leur qualité, en hiver comme en été ?
D'autant plus que contrairement aux vins ces produits ne se gardent ni ne se bonifient sur les étalages ou à la maison.

<u>Un exemple à tout hasard : le crottin de Chavignol</u>
Chavignol, c'est le nom d'un village caché dans un superbe et minuscule renfoncement dans les collines du Sancerrois. Là, on remplit ses narines de poussière de silex, de calcaire et d'argile et ses sacs de crottins frais.

Tendres aux reflets bleuâtres dans un registre illimité, ils transpirent à travers leur peau superbement froissée un mélange concentré et savant d'odeurs qui attire les visiteurs vers le magasin du village. Rentrés à la maison vous allez les consommer pendant une vingtaine de jours, extensible à trois mois si vous les stockez sur cendre en pots de grès. Nourris des souvenirs du terroir, vous les garderez dans la mémoire de votre palais au delà de leur épuisement.

<u>Le crottin dans son quartier</u>
Trop simple. Ca enlève l'esprit nature et découverte ainsi que le vrai plaisir du palais.

Vous pouvez tout imaginer autour de ce label trop souvent abusé, les retours gastriques vous informeront que vous venez d'avaler un fromage à base de lait, pourquoi pas de chèvre, mais confiné dans l'air d'une usine qui, elle, est près de chez vous, et non pas affiné au grand air de son terroir.

Manger le crottin de chèvre quand on veut, où on veut, puisque c'est un acquis de nos sociétés avancées ? Seulement avez-vous historiquement milité pour cela ? Pour manger des crottins et autre fruits de contre-saison parfaitement calibrés ?

Le crottin devant sa porte ?

Oui, et voilà comment. Apporté par l'artisan affineur lui-même, dans un panier, ou bien à deux rues de chez vous dans des caisses en bois, sur une commande collective et concomitante avec ceux du crémier et du restaurateur. Sans oublier les marchés de mercredi, de samedi ou de dimanche, ciment des deux mondes qui appartiennent néanmoins à la même civilisation.

La revanche de l'artisan du crottin

Devant cette montée en force des crottins pur terroir vers les villes, portés par leurs affineurs ou leur compagnons, armés de leurs contes et leur histoire, le distributeur-intégrateur national de vrais faux sera acculé à un unique choix.

Se dépêcher de déposer le premier une nouvelle appellation du style Pasteurisateur de France, ou INTEGRATOR, avec comme argumentaire : crottin à base d'une recette artisanale, optimisée par un réglage électronique de la vitesse d'affinage et par le rajout de conservateurs biologiques de cinquième génération ; se garde trois mois à l'ombre et dix mois au frais ; le goût n'est pas mauvais ; il est précisément, à la virgule près, moins cher que son homologue artisanal ; il porte le poinçon d'une certitude : c'est un *vrai* faux assumé.

Ce choix à la fois réaliste et honorable réhabilite l'intégrateur menacé. Lui évite le plan social. C'est un acte de courage commercial : voie nouvelle, du genre troisième voie. Un signe de correction, un label moral. Répond à une vraie demande, certes, moderne.

Sans oublier la vente à l'usine associée au tourisme industriel.

Et l'artisan lui souhaitera bonne chance ou, dans le langage de son terroir, crotte !

IV.4 UNE CERTITUDE : C'EST COMPLIQUE !

Nous avançons rapidement dans la modernité mais la vie se complique de plus en plus. Pourquoi ?

Les progrès technologiques nous comblent tous les jours et nous *facilitent* la vie : exit les pénibilités, physiques ou ménagères, l'accès difficile aux soins et aux informations.

Sauf que, le progrès nous *simplifie* pas la vie par-ci et nous la complique par-là. Car, maintenant on le sait, ce progrès ne se gère pas tout seul. C'est à nous de le gérer. Ainsi aujourd'hui *c'est compliqué :*

- Sur les routes et les autres voies rapides
- En ville,
- Dans les magasins,
- En vacances,
- Au travail,
- Dans la vie,
- Dans tout le reste,

Bien, analysons tout cela !

- Transports en commun : Les gens n'habitent plus là où ils travaillent, ils habitent pour la plupart dans des villes dortoirs et s'agglutinent pour travailler dans les villes d'action : capitales, préfectures, villes touristiques, villes nouvelles avec bassin d'emploi :
    - Aïe, MBD (Moi Boude les Distances) !

- En ville : les voies de circulation offrent de l'espace pour tout, sauf pour nous, pour les livraisons de notre insatiété, pour les déménagements de notre instabilité ; car les élus (ne pas confondre le mot élu avec le mot édile, car il s'agirait là d'une confusion tragique) créent constamment de l'espace pour les exclus, les auto-exclus, les jeunes qui en profitent pour organiser des sit-in, avec jeux de cartes et exposition de caleçons et de

petites culottes, ainsi que pour tous les autres qui s'invitent à la fête et comptent vivre sur *la bête*.
- Aïe, attaque imminente (AI) du côté (de la) gauche !

- Dans les magasins : la largeur et la profondeur des gammes des produits nécessaires au déroulement et au confort de la vie, requièrent de la part des *consommateurs* que nous sommes des prodiges de calcul matriciel, différentiel et intégral afin de trouver *le* pot de yaourt circonstanciel. Car la grande avancée des temps modernes réside en ceci : à chaque circonstance son pot de yaourt, comme à chaque partie du corps sa crème et pour chaque saison son papier cul.
- Aïe, bientôt je personnaliserai le ciel (PC) avec mes propres icônes et mes templates (IT) !

- En vacances : quand on sait la beauté et la diversité des destinations, de par notre illimité accès à l'information, mais aussi par les récits de vacances des proches, comment diable ne pas *tout* faire, oui, vendre son âme, pour arriver *là*, à la destination incontournable, immanquable, qui sera ou, malheur, ne sera pas ! inscrite dans notre *CV Loisirs, que l'on racontera à notre tour à nos prochains*.
- Aïe, il faut être *là* où tout le monde est, *quand* tout le monde y est
(DASEIN) !

- Au travail : les grands thèmes sont : la consommation au lieu de travail et le recul très marqué de l'identité professionnelle. Le grand chef transforme l'entreprise de son patron en son fief, il s'y défoule au détriment des modestes et discrets subalternes ; le petit employé, comme le moyen, scotchés devant leurs moniteurs, vont saccager les billetteries de tous les loisirs imaginables et les étals virtuels provisionnés en temps réel de tous les gadgets reconnus pour leur nouveauté et par leur non-utilité. Quant au plaisir et à la fierté professionnelle, on se les met le plus souvent là où on sait car, au diable les niaiseries du temps de nos pères, on a bien dépassé l'époque où il fallait avoir un métier pour en être fier et pour survivre.
- Aïe, le travail, ce mot qui fâche (TF, très fashion) !

- Dans la vie : sur le marché de la femme, comme sur le marché de l'homme, c'est *marche ou crève* ; la marchandise non-vendable n'est plus recyclée dans les couvents, ni dans des guerres, elle reste macérer dans son jus peu ragoutant et on y ajoute des condiments artificiels que les exclus du spectacle en live connaissent si bien.
    - Aïe, de quoi appeler de tous ses vœux *la possibilité d'une île* !

- Dans tout le reste : Aïe ça fait mal !

Alors, je propose, dans ce contexte chargé de certitudes :

Revient, revient, vertueuse incertitude, pleine d'espoir !

Une lueur d'espoir pointe le nez : l'incertitude ! La seule clé, en forme de **?**, clé qui pourrait nous dégager de notre impasse, nous redonner le gout du challenge et du courage !

IV.5 LES FRERES COEN

Perspective de la vie comme sujet de réflexion vs sujet en proie à l'excitation.
(Perspective de la vie comme sujet de réflexion vs convulsions à consommer sur place)

Pourquoi en sortant d'un film des frères Coen on essuie un sentiment de calme intérieur et on commence à réfléchir, à méditer sereinement sur des sujets cruels ?

Et pourquoi en sortant d'un film français habituel, d'actualité socio-familiale corseté dans le tumulte (pour ne pas dire dans les tripes) qu'on vient de quitter avant d'entrer dans la salle de projection, et que l'on retrouve en sortant, pourquoi on l'oublie aussitôt pour l'avoir entièrement consommé sur place en brossant au sens et au rebours nos capteurs nerveux déjà et naturellement, hélas, excités d'entrée de jeu et de l'entrée en salle de projection ? La même chose pour un film américain habituel, traitant de la guerre, d'une invasion planétaire ou des justicières citadins.

Pourquoi l'un nous accompagne dans une évasion et l'autre nous replonge dans notre chère réalité qu'on aime mâcher et remâcher à toutes les sauces, avec effets d'amplification, comme quand on rajoutait, le soir où en fin de semaine, un peu d'herbe dans sa cigarette habituelle ?

Parce que ce sont deux genres totalement différents !

Bonne réponse, certes. Mais le premier est toujours rare et le deuxième omniprésent, envahissant. Regardons de près la naissance de ces deux catégories de films.

Aux débuts de la cinématographie nous avions les films d'amour et les comédies. Dans un registre théâtral, sentimental, plus ou moins profond mais sans prise de tête, puis drôle, romantique et amusant, le but étant de « détendre » les spectateurs.

Puis, sans trop tarder, on a introduit des « excitants ». L'angoisse et la dureté, plus d'ancrage dans la réalité. Hollywood gagne ainsi, dès les premières heures, sa réputation de formidable machine de programmation et de domination des sentiments des spectateurs pendant le métrage.

Dans son essai 'De l'Ame humaine', Oscar Wilde disait :
De tout temps le public a été mal éduqué. Il demande inlassablement à l'art d'être populaire, de répondre à ses goûts, de flatter son absurde vanité, de lui dire ce qu'on lui a déjà dit auparavant, de lui montrer ce qu'il devrait être las de voir, de l'amuser quand il se sent lourd d'avoir trop mangé, et de distraire son esprit quand il est fatigué de sa propre stupidité. L'art ne doit jamais chercher d'être populaire ; c'est au public de se faire artiste lui-même.

Dressée en 1891, cette admirable fresque de ce que le monde moderne allait être, pour l'être déjà au regard averti de Wilde, nous pousse à réfléchir à un *vrai individualisme,* capable de mener vers l'épanouissement de l'individu.

V. ILLUSTRATIONS QUI PEUVENT FACHER

Introduction aux variations sobres, andante, ma non troppo

Notre trousse à outils, nous ne la trouverons sans doute,
Jamais, dès le départ, au bord de la route.
Ni dans un stand, ni sur une étale,
S'offrant à nous en généreux pétales.

En revanche, dès qu'on procède sur nos chemins,
En loups apprivoisés, donc reniflards chiens,
Nous constituons chacun à notre convenance,
A notre conscience, audace, intelligence,
Notre propre trousse et notre confiance.

Puis on procède à l'aventure...
Mais autonomes et les jambes dures,
Le buste souple, la tête ancrée,
Nous poursuivons sur *notre* visée.

Sans perdre de vue *notre* retraite,
Parce qu'il en reste belle lurette,

Sans se laisser écraser,
Par les systèmes bien rodés,

Et encore moins piétiner,
Par l'emmerdeur d'à coté.

Ne pas gober l'ordre établi,
Sans le mâcher, sans s'impliquer,

En regardant la vie en rose,
Mais, avec la mesure en toute chose.

V.1 RETRAITE COLLECTIVE ET RETRAITE INDIVIDUELLE

Retraite collective et retraite individuelle

Préparer sa retraite, c'est un réflexe de prévoyance. Gérer sa carrière professionnelle dans la durée, c'est un réflexe d'indépendance. Un pas vers une certaine autonomie par rapport aux aléas de la marche de ce monde. Une manière efficace de fixer une partie des aléas c'est croiser initiative individuelle et contrat collectif. Le propre d'une économie de marché au sein d'une démocratie.

C'est aussi rendre plus facile, plus raisonnable et encore, plus réaliste chacune des deux démarches. En deux mots : Donnant –Donnant, DD. Avec son corollaire : gagnant-gagnant, GG. Réflexe naturel et de bon sens, ce mode de fonctionnement revient à la mode dans l'Histoire, comme une des clefs les plus puissantes du monde contemporain. Sous la syntagme DD-GG se redessinent les contours d'une plus forte autonomie individuelle et, en même temps, d'une forme consolidée de civisme.

Le contrat collectif prévoit le nombre et la couleur des points de retraite. C'est un contrat de solidarité, plafonné. L'initiative individuelle porte sur la gestion de sa carrière et de son patrimoine. Ca vient alimenter en surplus lesdits points. Si on veut ne pas avoir un, voire deux trains de retard, mettons nous vite dans cette logique gagnante de complémentarité.

Une fois achevée la négociation sur les points de retraite reste donc l'autre bout de chemin. Cette partie est bien plus interactive que la première et ses potentiels réels. Qui plus est, l'âge, cœur d'un débat qui appartiendra demain au passé, s'estompe. Car espérance de vie et durée de vie professionnelle repoussent leurs bornes. Il en est de même pour le territoire du travail.

En faisant bon usage des outils de travail avancés dont on dispose aujourd'hui, les seniors rempliront des interstices ciblés. Nommons-les : apiculture, viticulture, agro-tourisme, support scolaire, enseignement des langues étrangères, création artistique et culturelle, investissement locatif, chambres d'hôte, recherche-innovation, conseil en entreprise ou aux particuliers, coach sportif, animateur de jeux de société ou des activités artistiques, et d'autres nombreux services. Le report de temps se fera vers les juniors qui seront plus nombreux à suivre des études supérieures.

Il est temps de s'organiser pour travailler, car s'organiser pour ne pas travailler peut s'avérer comme une tendance fâcheuse.

Il faut se préparer dès maintenant pour ses occupations de futur senior. Chacun d'entre nous a, a eu dans sa jeunesse ou bien a derrière sa tête une idée d'activité qui est différente, ou bien complémentaire de celle qu'il exerce habituellement. Eh bien, il suffit de faire mûrir son projet et de prévoir les ressources pour son démarrage. Comme dans toute entreprise. Il est bien aussi d'entamer l'approche pratique de son projet : observer ce qui se fait déjà dans le domaine respectif et prospecter des lieux ainsi que des potentiels intervenants, associés et clients. Ceci prendra des années et il est important de s'y accrocher.

Prenons quelques exemples.

Je suis prof de maths ou de langues étrangères et j'aime mon métier. A la retraite je commencerai une activité indépendante, en tant que support scolaire en math et en tant que prof privé de langues, pour des particuliers ou des entreprises.

Je suis prof de physique ou bien de ressources humaines et j'aime la nature. J'ai une petite maison de vacance en Ardèche, achetée à bon compte il y a vingt ans. Je vais peu à peu l'améliorer, voire l'agrandir afin de la transformer en gîte. Je prévois également des vélos et une connexion internet afin d'attirer et de fidéliser mes futurs clients.

Je suis mécanicien dans l'industrie automobile, après avoir été serveur dans un café. J'ai un ami qui travaille dans une centrale d'achat chez un grand distributeur. Tous les deux avons un rêve caché : tenir un café à nous dans notre quartier. Nous allons prospecter un fonds de commerce, nous préparer, et nous le ferons, notre rêve.

J'exerce un travail immatériel, un service, je continuerai à le faire, en tant qu'indépendant et à distance, pour des clients choisis, après ma retraite.

Mais les exemples sont innombrables. Car les gens qui le font déjà sont nombreux et les reportages sur ces entreprises des seniors ne manquent pas dans nos médias.

Nous pouvons tous faire ça, dans un rythme adapté, en privilégiant la qualité et l'épanouissement.

Bien qu'il s'agisse là de bouées de sauvetage individuelles, n'oublions pas que les collectivités se renouvellent par petits bouts, comme les vignes.

V.2 ILLUSTRATION CULTURE D'ENTREPRISE
Ou l'histoire d'un séjour dans une entreprise de haute culture, générale, des eaux, située dans l'ouest parisien

Arrivée
Entretiens controversés. Déclinaison de mon adresse à Paris, arrondissement, quartier. De mes écarts de parcours. Présentation de leurs projets. Dont ils étaient fiers. Donc contents d'en parler. Promesses d'intervenir sur beaucoup d'entre eux.

La veille de mon premier jour de travail, j'ai dû compléter ma garde-robe avec deux costume, trois chemises et quatre cravates, de chez Façonnable, rue du Faubourg Saint-Honoré, et deux paires de chaussures de chez Manfield, boulevard Malesherbes.

Séjour
Sans début et sans fin, j'ai navigué à vue, j'ai donné un coup de main à gauche et à droite sans jamais prendre la barre de (mes) missions, enfin j'ai contribué au bien être des hôtes dans ce sens qu'ils se sentaient encore plus dedans en me gardant à l'extérieur tout en m'accueillant.

Départ
Je leur ai laissé un mot de départ : Merci pour votre accueil.

Car leur accueil fut grandement souriant et parfois même un tantinet chaleureux. Vous êtes une grande famille et votre entreprise est son foyer. Vous *consommez au lieu de travail* ou, autrement dit, vous y prenez plaisir. La boîte est pour vous une extension de votre salon. Vous soignez vos habits d'un classique légèrement rajeuni que vous portez avec aisance. Personnellement je vous imagine aussi bien en robe de chambre, en soie, que vous sauriez porter avec la même insouciante élégance.

L'aisance qui se retrouve dans tous vos gestes est doublée d'une quasi-perfection, à l'image d'une bonne maîtrise intérieure et d'une forte éducation. Regarder les gens droit dans les yeux quand on leur dit bonjour, ce n'est qu'un exemple. Une maîtrise avancée du verbe, ça en est un autre. A l'appui l'art de l'esquive et du remplissage des vides inhérents ou voulus, avec des phrases neutres teintées parfois d'une esquisse d'humour, vous écartez toute confrontation directe, fût-elle bénigne ou moteur d'avancement. Autant dire que la forme est soignée.

Mais le fond aussi. Car toute confrontation déclarée enlève quelque chose à l'harmonie du tableau, dérange le rythme paisible du cours du temps et risque de faire bouillonner par moment des esprits calmes par éducation. Quand la confrontation est pressentie la phrase maîtresse est « il est urgent d'attendre » et la confrontation est reléguée, externalisée, sous-traitée. Elle n'a pas sa place au siège, sur les plateaux de travail habillés avec tant de raffinement. Elle n'est pas de bon ton et on sait que c'est le ton qui fait la musique. Alors qu'une musique, discrète et permanente, susurre à l'intérieur du temple, en nous rappelant les promenades avec les dieux sur les champs élyséens avant la chute des nos âmes sur terre. C'est sur ce fond d'harmonies que retentissent des mots d'ordre comme l'exigence, la responsabilité, le professionnalisme, le savoir être, enfin le bien être. Vous gardez ce dernier pour vous et sous-traitez le reste.

Pour être des vôtres il faut être ... comme vous. De l'apparence à la plus tendre essence, bon chic bon genre, beau parleur et sachant déléguer. Gardien du temple et de sa paie. Dans le rythme doux de sa musique de fond. Pas d'excès, pas trop de travail, un peu de rigueur, encore moins de courage et d'innovation, car tout va bien comme ça, ça va de soi.

Je repars dans le monde « d'en bas », celui de la confrontation, du changement, de la spontanéité, de la jouissance non cachée. Un autre lieu commun.

Je laisse mon masque béat sur mon bureau et derrière lui ce mot de départ :

Gardez vos masques, ils vous défendent du bas monde et de ses réalités. Et merci encore pour cette représentation authentique d'une réalité qui n'a pas encore réussi (et qui mettra encore du temps) à se dépasser.

V.3 ILLUSTRATION STRUCTURATION - DESTRUCTURATION

La disparition des classes est un ancien rêve de l'humanité. Désir du paradis perdu, de retour à l'innocence du premier âge, de table rase et de recommencement.   D'éternel retour. De fusion et de chaleur, de jouissance collective, de redistribution, d'une deuxième chance.

En même temps, la tentation de la paresse, paradisiaque aussi, la tentation de l'oubli de soi, de jeter l'éponge de la vie avec l'eau du bain. De retomber dans l'enfance et dans l'insouciance. Ou tout bonnement, besoin de repos, de néant.

Les gens moins actifs ont besoin de plus de repos. Le repos appelle le repos. Question d'habitude. En opposition avec ceux qui structurent leur temps et celui des ceux qui les entourent, infatigables, auto-engagés dans leur démarche. Pour ces derniers, le progrès ne s'arrête jamais, il est sans fin. Pour eux, la vie est perfectible sans limites et il y aura toujours de la place pour d'avantage de structure. Pour eux, l'amorphe c'est le vide, le vide primordial. Paradisiaque. Quelle conjecture !

Mais attention à l'érosion du mot *structure*. Elle ne signifie pas uniquement un tissu mono strate qui n'a pas de cesse à se densifier sur lui-même et qui finit en chape, pesante et écrasante. La structuration du temps, celle qui donne une structure à la vie, s'entend et s'étend en plusieurs dimensions et en plusieurs couches, qui laissent *l'air* passer librement. Aussi cette multitude de couches et de dimensions, historiquement diversifiées, de nos tentatives de structuration, pourraient s'accorder sur une seule et même musique, qui ferait chanter le monde.

Prenons un exemple de structuration : celui du trafic routier.

Elles sont connues, les différences marquées du déroulement du trafic dans les différentes villes du monde. Au Caire, par exemple, les égyptiens ne respectent quasiment pas leur code routier qui n'est pas très différent du code français de la route. Si moi, français, je faisais le *mauvais* choix de respecter ce code, je courrais un risque élevé de provoquer un accident.

Dans une démocratie, c'est la majorité qui a raison.

Dans l'évolution des modes et des mœurs, il est aussi dangereux de faire cavalier seul, de se mettre à contre courant. La sanction est la même : l'accident ; de parcours.

Prenons un autre exemple, celui de la beauté de corps et des visages.

Si demain, qui commence aujourd'hui, les interventions sur le corps humain, dès le jeune âge, pour le rendre parfait au regard se généralisait, audacieux celui qui se les refuserait. Une fille qui ne corrige pas le profil de son nez, l'inclinaison de ses dents, quand bien même la nature s'en est bien chargée, et bien un tel frondeur courrait le risque d'un accident de parcours et celui de ne pas *y* arriver. Les canons de beauté sont une vieille et antique découverte. Les artistes, grecs, en ont créé des représentations, mais les véritables modèles restaient sur les cimes imaginaires du mont l'Olympe. Les descentes sur terre restaient fortuites, aléatoires, occasionnelles. Aussi la beauté demeurait, sur un piédestal, à l'abri des toutes les profanations, elle résistait à la tentation de devenir une *obligation*.

Nous devrions nous méfier des structurations à tout va, comme des déstructurations à rien ne vas plus.

Le danger ?

La vie finirait par se décomposer en tranches, chacune déclinée de plusieurs façons, mais tendant toutes vers la perfection, tranches de vie que l'on trouverait sur des étalages, avec un prix qui va avec. Ainsi nous préparerions nos tranches de vie comme nous préparons un soufflé le soir, suivant la dernière recette du magazine *Elle* ou bien *choppée* sur internet. Comme ça, chaque tranche serrait réussie et certainement pas manquée. Aussi, nous n'aurions plus le temps, ni l'intérêt, de se questionner sur l'ensemble de la vie et sur sons sens, tant nous serions accaparés par ses morceaux, qui deviendraient de plus en plus petits, des corpuscules qui s'imbibe instantanément avec de l'eau de pluie. Le sens de la vie serait alors celui de l'écoulement des eaux sur la terre.

Vengeance ultime de l'homme cotre son sort.

V.4 DEMOCRATIE PIETINEE

Qui est-ce qui piétine la démocratie ?

Les lycéens qui préparent soigneusement leur avenir, conscients déjà de l'importance de leur formation et du choix de leur profession, car ils comprennent déjà qu'il faut travailler avec plaisir, sinon ils seront foutus ?

Les paysans agriculteurs et éleveurs pour qui le travail c'est leur vie, leur terre et leur maison ? Qui respirent l'air frais en travaillant sans se remettre en question chaque fois que le ciel devient menaçant avant la pluie ou la tempête ?

Les artisans et leurs apprentis qui chérissent leur savoir-faire et expriment leur fierté par leur produits et leurs prodiges ?

Les gens qui rendent un service, dans le tourisme, la restauration, les banques, les assurances.., qui trouvent un plaisir dans le contact avec leurs clients, dans la performance de leur service, mieux ciblé, plus innovant ?

Les ouvriers et techniciens qui, comme les artisans, maîtrisent chacun un métier et tirent leur plaisir de leur spécialité, car elle est recherchée, appréciée et parce qu'ils l'ont choisie ? Ils représentent une marque, une entreprise et ils en sont fiers, et cette fierté se lit sur leur visages ?

Les enseignants et les autres fonctionnaires publics, qui rendent, chacun dans leur spécialité et leur fonction, un service d'une valeur irremplaçable et non commerciale à la fois ?

Les autos, les minis et autre entrepreneurs, qui pêchent par trop d'engouement pour leur activité et qui lui consacrent souvent plus de temps qu'à eux-mêmes et à leur famille ?

Les politiques qui remplissent leurs engagements de campagne sur lesquels ils ont été élus ?

Les seniors qui s'accrochent au monde du travail, qui souvent se battent pour y rester ?

Tous ceux qui mettent le travail au cœur de leur existence, le renouveau et l'esprit positif au service de leur confiance en eux et en ceux qui les suivront ?

Tous ces gens qui cherchent les solutions ?

Ou bien ceux qui cherchent les dissensions et la petite bête, tout en vivant sur la bête, la revanche sans effort promise par un prophète de la dernière heure, leur nombril dans le nid douillet d'un paradis perdu, l'ancrage dans un vieux port resté loin des lignes maritimes ?

A ceux qui essaient de déstabiliser les gens qui acceptent la démocratie et qui y vivent naturellement, qui se font violence, si nécessaire, pour réussir, à ceux qui essaient de transformer l'élan de ces derniers et leur engagement en haine et en dégout, leur passion en désenchantement, leur énergie saine en grogne maladive, à ces rabat-joie professionnels, à ces fauteurs de troubles souvent engagés politiquement, à ces casseurs de notre rythme de vie, de notre envie d'avancer, je leur dis :

ARRETEZ DE PIETINER NOTRE DEMOCRATIE !

V.5 REVOLUTIONS DANS LE MONDE
et autres faits dans le trop plein de nos démocraties.

Révolution ? Ou comment gérer une fin annoncée ?

Même scénario que pour la chute du bloc de l'est : l'économie s'effrite dans l'étau du dirigisme, il n'y a plus rien à tirer, la bête s'effondre assommée par son éleveur.

Depuis la grande guerre, dernière confrontation ouverte où le but de la constitution des maîtres et des esclaves était clairement affiché, nous cachons nos intentions de domination et les jeux par lesquels on tire notre profit.

Et si nous cachons nos jeux, c'est au nom d'une nouvelle condescendance, du politiquement correct, d'une nouvelle hypocrisie dans la gestion des semblables et éternels conflits d'intérêts. Puis c'est sur l'autel de la démocratie que nous devons sacrifier toute confrontation directe, tout signal effectif d'alarme d'une réelle déviation.

Plus généralement, un système, tant qu'il n'est par mort, même si les signes évidents de sa dégénérescence sont là depuis belle lurette, on le laisse vivre *ou plutôt mourir*.

Un monde qui se déconstruit, dans lequel on préfère gérer in fine la mort clinique ?
Un système primitif de survie avec une assistance en fin de vie ?

Mais il ne faut pas penser aux seuls systèmes économiques, sociaux et politique, car le même fonctionnement s'impose aux rapports de travail, de la civilité et de la morale.

Prenons l'exemple d'un groupe de jeunes violents et connus en tant que tels dans le quartier. Ils sortiront en bande le soir ou ils iront à un match de foot avec le seul but de nuire. Ceci est parfaitement visible par les passants et accessoirement par la police *de proximité*. Ils profèrent des injuries et affichent toutes les marques du non respect des libertés d'autrui et, j'insiste, tout le monde sait comment la soirée et la nuit s'achèveront, en vrille. Mais on ne veut pas, et surtout, on ne peut pas, les arrêter avant l'irréparable. Les délits de vagabondage, d'outrage à la pudeur et à l'ordre public sont devenus lettre morte dans un code qui a déjà servi. En revanche, on arrivera *après,* avec les responsables de l'ordre public et les caméras pour *créer* l'évènement. Inutile de faire remarquer qu'il ne s'agit pas de quelque création que se soit, mais d'un constat d'échec, des dommages, voir des vies perdues.

Ou bien l'exemple, qui revient plus ou moins au même, d'un groupement d'intérêts économiques, puis politiques, qui révèle très vite sa tendance dominatrice, abusive des intérêts des autres et déjà en limite de la légalité. Comment réagissons-nous face à la naissance, à l'émergence d'un tel phénomène ? De l'intérieur, comme de l'extérieur ?
Quelques critiques et puis la complaisance, la tolérance, voire la connivence.

« Ca fait partie de l'Histoire, du cours des choses, ça a toujours été comme-ça ».

Marque d'une immobilité, d'une incapacité chronique de changement, d'un fatalisme humanitaire, à l'époque du tout réel, du tout concret, du tout matérialiste et amour de soi ?

Dans *L'art du roman*, Kundera disait : « La vérité du roman se fait de moins en moins entendre dans le vacarme de réponses simples et rapides qui précèdent la question et l'excluent. »

La vérité de la vie se révèle de plus en plus a posteriori, nous sommes là pour la consommer sur un plateau devant la télé et, au meilleur des cas, essayer de l'expliquer, de comprendre ce qui s'*est passé,* sans pour autant en tirer les enseignements pour *l'avenir.*

Car le présent est trop envahissant. *Aveuglant.*

V.6   ILLUSTRATIONS POLITICIENNES

Le sacrifice, à qui le tour ?

Et si on s'arrêtait pour se reposer un peu de notre habituelle paresse ?

Si on traitait d'abord nos intérêts politiques de politiciens incurables, ayant perdu le contact avec la réalité ?

A force de papillonner sans cesse autour du lustre du pouvoir politique, vos ailes chauffent et nous les autres sentons le brûlé du peu d'espoir qui nous reste.

A force de vous agiter comme des mouches autour du pot, le miel a tourné en grumeaux durs prêts à déchirer les œsophages les plus endurcis. Aussi vous nous faites rire, puis pleurer.

Si, comme l'abstentionnisme de ce dernier temps devrait vous inciter à faire, vous redeveniez responsables et vous coupiez court au vertige de l'aliénation de la base terrestre et arrêtiez votre descente dans l'enfer rempli des miroirs vous renvoyant seulement l'image de vos indécents nombrils ?

Si vous, femmes et hommes politiques de tous bords, en exercice ou en opposition, vous sacrifiez votre propre et si chère personne politique pour laisser libre cours au bon sens de la plupart d'entre nous, qui avons compris que nous devons nous bouger les culs avant de se les laisser mordre et avant de se mordre les doigts ?

Nous savons comme vous le savez qu'il y a beaucoup de choses à faire dans la vie de tous les jours, par le bas, comme par le haut. Vous soufrez d'individualisme politique, nous soufrons d'individualisme civique. Devenus chroniques. Ici bas, nous confrontons les certitudes froides ou déshumanisantes des uns à l'idéalisme naïf ou mensongers des autres. Alors, la haut, donnez l'exemple ! Le train des reformes, plus nous tardons à le prendre, plus il sera pénible à rattraper.

Arrêtez de nous détourner sans cesse de *notre* droit chemin, nous n'avons aucun besoin de vos phrases creuses, fabriquées par vos maîtres en communication, véritables marchands de bonheur, comme vous, in fine, si vous vous obstiniez à poursuivre sur *votre* chemin. Pour n'être pas cons, ça, nous l'avons compris. En revanche, et vous le savez trop bien, nous sommes toujours des êtres impressionnables et moins pervertis que vous, et par conséquent *encore manipulables*. Vous voulez des électeurs pour votre camp pour la prochaine échéance électorale ? Eh bien, vous n'êtes pas au bout de vos déceptions, car nous allons de plus en plus camper en dehors de votre politique et resterons soit à l'écart des bureaux de vote, soit à l'écoute des sirènes des ramasseurs des balles perdues.

Seul un miracle pourra nous faire changer d'avis, alors, mesdames et messieurs les politiques, surprenez-nous !

Plus explicite :

Les femmes et les hommes qui font de la politique devraient sacrifier, temporairement, leur ascension ou leur maintien sur les trajectoires respectives de leurs carrières.

Nous sommes toujours en période de crise : crise financière, crise économique puis crise politique.

Cet ordre de déclenchement des suscités volets de la crise est le résultat de la différentiation des échelles de temps de chacun d'entre eux : temps très court pour la finance, le défaut de payement n'est pas longtemps toléré ; temps plus long pour l'économie car l'inertie physique (et contractuelle) intervient (encours, stocks et plans sociaux) ; le temps encore plus long de la politique, en démocratie, car là intervient l'inertie humaine (les habitudes sont la deuxième nature humaine).

Et oui, maintenant la crise s'est installée à tous les étages. *Le temps des sacrifices est arrivé. Et avec lui celui de l'accélération des réformes. Un seul et même état d'esprit.*

Nous avons commencé par omettre de sacrifier les banquiers, oui, on n'a pas tapé trop fort car l'argent est le nerf de la guerre (même en période de paix). Puis nous avons commencé, ou plutôt accéléré le matraquage des salariés et le resserrement fiscal sur les entreprises.

Qu'est-ce qui reste à sacrifier ?

Allez, vous le savez et ils le savent : *les politiciens,* qui ont donc oublié leur devoir *politique* pour lequel ils se sont fait élire ou pour lequel ils prétendent être candidats au pouvoir. Mais ceux d'entre eux qui auront le courage de mettre entre parenthèses leur carrière politique et de se mouiller, pour les uns, continuer le travail annoncé, pour les autres et mieux équilibrer positionnement idéologique et consensus national, eh bien, je pense qu'ils seront les vainqueurs de l'année et des années suivantes.

Et comme le temps politique est long, ceux qui auront fait preuve de courage seront récompensés, plus tard mais mieux, à mon avis. Et puis, il faut aussi se faire plaisir en faisant les choses bien, merde !

VI CONCLUSION IN LIMINE

La seule chose positive dans une démocratie est que l'on a *la possibilité* de faire des choix.
A partir de là, tout un chacun évolue à son gré et sans filet, pour le meilleur et pour le pire.
Sans orientation dans un quelconque champ magnétique, sans idéal transcendant, autre que son propre bien-être immédiat, l'homme post moderne essaie de faire des choix. Il y arrive de temps en temps. Quand il n'y arrive pas et c'est le plus souvent le cas, il demeure dépourvu de toute liberté si ce n'est celle de se forger des opinions. Ces opinions ne sont, hélas et en rien, des connaissances. Elles se créent, se confortent et se réconfortent, dans le meilleur des cas dans un lien social traditionnel (famille, voisins, association des parents d'élèves) et de plus en plus souvent dans une stricte solitude.

Et puisque *la possibilité* de faire des choix est notre seule valeur sûre, il faudrait l'exploiter vraiment, sans peur, mais avec discernement. Le discernement est le seul garant qu'une action qui nous appartient, que l'on mène avec notre bon sens naturel, ne sera pas battue en brèche par l'engouement et par l'imitation.

Des lors qu'on fait et qu'on assume des choix,
Il faut se préparer à affronter,
Entre autres et intelligemment,
Le conformisme ambiant.

VII. ILLUSTRATIONS PRIMORDIALES
Retour à l'essentiel

Quel rapport entre les vélos et les grèves, entre le mouvement et l'arrêt sur l'image, entre l'action et la contemplation du temps de cette action ?

Puis quel rapport entre le rêve de vie et la vie, entre le rêve d'amour et l'amour ?

L'amour de soi, pour être capable d'aimer les autres, l'amour de son quartier, pour s'ouvrir sur le reste du territoire et du monde, l'amour pour l'autre, que l'on a choisi, directement ou indirectement, l'amour comme seule solution ?

Je vous invite à regarder ça à travers des trois dernières illustrations et d'une conclusion finale.

VII.1 VELOS ET AUTRES MOUVEMENTS

Les grèves représentent un lieu commun d'arrêt du travail et de maintien en forme de l'esprit critique. Au même titre que les pistes cyclables représentent un lieu où les citoyens se revigorent avant et après le travail. Les premières relèvent d'un esprit civique animé surtout par des *civil servants*. Les deuxièmes s'apparent à un civisme plus général qui revendique la forme physique et l'amélioration de la qualité de l'air dans les villes. Les premières visent un épanouissement collectif, les deuxièmes un épanouissement individuel. Ensemble, un épanouissement tout court.

Seulement les grèves sont plus présentes que les vélos car, malgré le vieil adage « à Paris en vélo on dépasse les autos » il y a plus de vélos que de grèves à Amsterdam et Shanghai. Contrairement aux grèves, les vélos ne sont pas assez rentrés dans les mœurs des français. Dommage. Car ils sont signe de souplesse, d'autonomie et d'efficacité. Aussi le trajet en vélo nous rend une meilleure santé pour mieux préparer et ensuite bénéficier de sa retraite, entre autres. On peut rajouter d'autres vertus de la roue libre : l'occasion d'admirer les arbres, les façades, les jardins et le ciel, de sentir le vent et le mouvement de la rue.

Seulement, faut-il attendre une grève générale pour choisir le vélo comme moyen de locomotion ? Surtout pas. Car, malgré tout, ça n'arrive pas tous les jours. Puis il faut un peu d'entraînement pour être compétitif le jour infernal. Il faut apprendre le slalom, le pied sur le trottoir d'un côté, à fleure d'un rétroviseur de l'autre côté, serrer à droite et autres petites astuces issues du praxis. Des voies pour les vélos sont aussi les voies de bus, souvent abusées par quatre-roues-moteur sans petit panneau sur le toit. Investir les voies de bus et vélos c'est aussi laisser sur leur faim les chauffards malins et impolis.

Le vélo il faut l'acheter puis convaincre les voisins que, comme partie intégrante de la vie citadine, ils trouvent leur place toute à fait esthétique dans la cour de l'immeuble. Comme les grévistes dans une grande place. Ca rend la ville plus vivante et repousse les horizons. Car au départ un acte individualiste, le vélo fait des émules et fini par devenir un acte social et un sport d'équipe. Les jours de la semaine en habit de travail, costume-cravate compris pour ceux auxquels leurs patrons infligent cet uniforme. Les dimanches, décontracte en famille ou en silicone moulé avec les copains-copines, au large sur les voies fermée à la circulation moteurrrrrs.

Plus de vélo et moins de grève. Question d'équilibrage. Question de société. Quand la société se pose plus de questions qu'elle n'arrive pas à résoudre, il reste une dernière solution : des roues en évolution.

VII.2 UNE BALADE SUR LA BUTTE MONTMARTRE
Ou bien, le bonheur est tout près

Déjà en bas de la rue, difficile de contenir son excitation, comme un enfant arrivé devant son parc de jeux préféré, comme un touriste avisé qui revient régulièrement sur les mêmes lieux, comme un criminel revenant sur les lieux du crime...

On hésite toujours un moment avant d'attaquer la pente enchantée. L'état d'esprit n'est pas toujours le même, selon la marche d'approche.
Quand on y arrive depuis l'Opéra et qu'on a fait le bon choix en prenant la rue Laffitte, l'avant goût est fortement marqué par le tableau des deux églises empilées, Notre-Dame de Lorette, portant sur son fronton grec les toits nonchalants dont le fil à plomb descend sur les rues Saint-Georges et des Martyrs, et puis, tout en haut, sous un dessin des nuages blancs enjoués, le Sacré-Cœur, la jeune, si jeune reine blanche qui trône sur ses ainés monuments parisiens.
Quand on y arrive depuis la gare du Nord, en descendant la rue de Maubeuge, on a juste un soupçon de la butte Montmartre, du quartier imbriqué culminant sur les lieux de l'ancienne abbaye du même nom. En arrivant place Kossuth, un panneau et une plaque bleue détournent tout d'abord notre attention : le premier indique comme direction l'Opéra, Garnier, la somptueuse dame, jeune, elle aussi, mais solide et imposante, on sent toute de suite son emprise, la deuxième, elle, porte un nom en lettres blanches, blanches comme sa reine qu'on n'a pas encore vue, la rue du Faubourg Montmartre. De quoi hésiter un petit moment, avant de tourner résolument la tête et l'azimute vers la droite, là ou commence la pente douce de la butte Montmartre, par la rue qui n'est plus homonyme, on le sait, car elle s'appelle la rue des Martyrs.

Maintenant on va la remonter, en essayant de garder sa tête sur les épaules, et non pas entre ses mains, comme Saint Denis jadis, qui l'avait portée jusqu'aux lieux de la cathédrale éponyme.

Nous sommes un samedi matin, en milieu de matinée, les boutiques viennent d'ouvrir et la rue commence tout juste à s'animer. Comme une promesse de l'aube un peu avant midi. Pas si incongru pour une rue qui ne se couche pas en même temps que le soleil. Pas si étonnant pour une rue qui réunit tant d'aspirations et tant de passé et hésite donc un temps avant de rayonner.

Je vais arrêter ici ce récit touristique ou de quartier, comme vous préférez, car ça serait vite *another brick in the wall*. Vous pouvez tourner la page.

Les Incontournables de la vie
Quand est-ce que commence la vie d'un homme ou d'une femme et si on le savait est-ce que ça aurait la moindre importance ? Aucune, je pense. Voilà un récit, tout aussi important que n'importe quel autre...

Mais, à force d'y passer tous les jours je finis, au bout d'un temps, par viser juste. Et puis, on ne passe pas son chemin quand des grands yeux à la fois rêveurs et brillants comme du charbon incandescent sont accrochés à une silhouette qui réunit la grâce d'une poupée et le tempérament d'un serpent à sonnettes (d'alarme). Une première impression, une bonne intuition. Un peu de courage et... je rentre dans la boutique : des Converses bien déclinées sur la palette de l'arc en ciel, des bouts de tissus en guise de décor, des sacs à main, puis elle, calme, sereine, bonne commerçante, mais ce n'est pas tout et tout d'un coup je n'étais plus pressé, comme de ma fâcheuse habitude. Je la questionne sur sa marchandise, sur qui et quand porte des Converses, quel serait le secret de cette marque qui marche de 7 à 77 ans, mais en fait j'étais déjà amoureux. Elle, enjouée, ne l'était pas encore, mais je pense que ma présence lui effleurait l'esprit amoureux et lui chatouillait les sens dans le sens des poils. Elle sourit, comme toutes les filles prêtes au jeu de l'amour et se mit à bouger, dans son désir semi conscient de dévoiler son corps. Ses jambes élancées mais d'une dégaine discrète, presque pudique, qui lui donnent des allures de fillette, se poursuivaient par une taille fine et ondoyante, comme un champs de blés balayé par un vent chaud avant la moisson, puis par un long et gracieux cou,

digne d'un portrait de grand maître. Mais plus étonnant encore, par sa singularité et qui couronne tout : sa tête, grande, toute en proportion avec les yeux, puis la bouche, accordés dans un même mouvement sensuel et agréablement inquiétant, l'ensemble transcendant la Terre, vers le frisson d'un *Mars Attaque*. Je me reprends, avec un rappel au *dasein (être là)*. Je feins la timidité et dis sur un ton qui se voulait sérieux :
- Comment on fait quand on est timide ?
- On ne fait rien ! me répond-elle presque triomphante.
- M'oui, quel dommage ! je réplique, mais ça résonne comme 'il n'en est rien, la timidité n'existe pas, où en tout cas pas ici, dans cette rue, dans cette ville et à peine dans cette galaxie.

Et je tourne sur les talons avec un 'au revoir' plein d'un tas de choses qu'elle feignit ne pas prendre au sérieux. Dehors, sur le trottoir, j'inspire profondément le printemps, la saison où l'air porte le parfum des fleurs et de la vie. Deux pas plus haut, un marchand de fruits. Je m'arrête, je lève la tête : l'église perchée tout en haut, Sacré-Cœur, est plus blanche que jamais et des petits nuages délicats tournent autour de ses deux coupoles asymétriques. Je redeviens pressé, je m'adresse au marchand qui affichait une santé de marchand de fruits et me fit penser à un de ces anges de l'amour, en commençant avec Ananiel et Dalquiel.

Il me tend une minuscule barquette de fraises des bois, qui rajoute un peu trop au parfum ambiant, mais ça reste tenable. Et me voilà, triomphant, de retour sur le pas de porte de la planète Mars, de la boutique enchantée, avec ce fruit délicat, que je lui offre, et mon cœur avec.

VII.3 UN ANNIVERSAIRE

Florence est une grande brune, belle et bouclée. Elle a quarante ans aujourd'hui. Nous l'attendons avec un buffet et du champagne. Nous sommes ses collègues de bureau et leurs pièces rattachées, quand c'est le cas. Quand ce n'est pas le cas c'est qu'il n'y a pas de pièce rattachée. Nous avons décidé de fêter ça, ou de le célébrer, selon le penchant de chacun pour la fête ou pour la célébrité, chez Gaëtane, une autre fille grande brune, belle et bouclée. Tout à l'heure ça nous fera 2 x G3B. Le cadre suit. Le salon de Gaëtane est grand, bleuté, beau et bourgeois. Le salon fait partie d'un appartement haussmannien situé dans le quartier Saint-Georges à Paris, en France.

Florence se laisse attendre. Elle a raison. A quarante ans. Le premier bouchon saute. Des bulles s'empilent dans des flutes et s'agitent. Et nous de même, autour de la grande table-buffet. La conversation ne vole pas très haut et tant mieux. Naturellement/Instinctivement on cherche la détente. Les bulles explosent sur nos langues qui se délient. Peu importe ce qu'on dit : les paroles susurrent, descendent et caressent nos tripes et nos cerveaux. Qu'est-ce que l'on dit ? Bon, nous sommes ici *pour fêter les quarante ans de Florence*. Voilà, tout a été dit et bien dit. A la lettre, c'est dire que chacune de ces quarante années de son existence seront maintenant considérées comme une réussite, puisque Florence est aujourd'hui l'accomplissement de la suite de ses années édificatrices. Correct. Et puis c'est formidable quand, pour certains d'entre nous, ça serait vrai. En fait, la question qu'une bande de renifleurs de bulles comme la notre, ici maintenant constituée autour de quelque chose, se pose, le plus naturellement possible, est celle-là : est-que nous sommes bien, nous, ici et maintenant. Au diable *les quarante ans de Florence !* Nous les avons eu, nous les aurons, le sujet n'est pas là. Il est : est-que nos années, toutes, comptées par dizaine, soit, se sont imbriquées raisonnablement, efficacement, doucement, intempestivement, logiquement, esthétiquement, brutalement, sensuellement, indéfiniment, ou tout simplement agréablement ? C'est ça la question. Florence, on s'en tape.

Et Florence finit par arriver. Elle sait qu'elle ne nous dérange pas, car maintenant, puisqu'elle est là, elle commence à nous intéresser.
Florence nous intéresse, car elle sort un peu du lot : G3B + ESSB, elle s'en sort bien.

Tiendra-t-elle le choc des quarante ans ? Passera-t-elle indemne ce cap venté ? Est-t-elle bien accrochée ? Et à quoi s'accroche-t-elle ? Beaucoup de questions, issues de la contemplation de leur propre personne, que les convives se posent.

Elle se dit : ils me verraient bien trébucher sur le parquet pointe d'Hongrie du salon ou sur le seuil de me 40 ans. Pour qu'après ils puissent me rassurer, me consoler et me distraire l'attention de cette horrible chose qui m'arrive en m'offrant des cadeaux.

Des cadeaux d'anniversaire. Des objets destinés, dans leur édifiante majorité, à son confort domestique, fût-il culturel : des films et des chansons, des livres. Pour la distraire, pour compenser son malheur et pour préparer sa retraite. Pour lui procurer le plaisir que la vie réelle et relevant de l'impact direct ne peut plus, soyons raisonnables, lui procurer, à partir de maintenant.
Chouette, se dit Florence, je pars vers un anniversaire et j'arrive à un enterrement de vie de jeune femme.

Mais nous, les autres qui l'attendions, nous savons que nous avons raison. Les apparences sont trompeuses. La beauté, visible et invisible, la chance, par définition visible, ce sont des choses que le temps entame. Picore, puis ronge, puis il jette son voile et finit par tout dévorer.

Là, nous, les convives, faisons maintenant preuve de réalisme, de notre ancrage solide dans la réalité terrestre. Car, tout à l'heure, avant l'arrivée de Florence, nous nous laissions bercer par la moelle moelleuse de notre chère et propre substance existentielle et ça, ça nous portait comme un dirigeable au-dessus des terres.
Mais revenons. Florence sur le seuil.. de la porte. Ante portas. Sacrée apparition. Pas dans la demi-mesure. 1m81 de présence et de prestance.

Auxquels vous rajouter 5 centimètres de crinière de la couleur de l'ébène à peine de gris nervuré. Bouclée.

Les convives baissent les yeux et retiennent leur souffle. Ils se cherchent une meilleure assise sur leurs jambes et leurs jambes cherchent un meilleur contact des pieds avec le parquet. Le premier moment est le plus difficile, l'impacte visuel. Et quand bien même ils la connaissent bien leur Florence, depuis le temps… Mais c'est comme ça, il y a des gens qui impressionnent plus que les autres.
Sur le point de se reprendre, nos convives. Ils ont trébuché mais point tombés, les bougres. Ils savent que Florence fête aujourd'hui ses QUARANTE ANS. Mais ce qu'ils ne savent pas..

Et c'est là que Florence, avec un mouvement court et très sûr, ajuste à son long cou son élégant foulard en cachemire. Et elle parle :

Vous savez ce qu'il m'est arrivé aujourd'hui, le jour de mes quarante ans, à Paris sur la route (de l'école !) ? Eh bien, eh bien tenez-vous bien. Je roulais, au pas, sur les grands boulevards parisiens, rétrécis comme peau de chagrin. Le chagrin des gens obligés de s'insupporter dans le dédale délanoëen qu'est devenue notre capitale, comme les damnés dans l'enfer traditionnel, lui aussi pavé de bonnes intentions. Et ça, le jour de mes quarante ans. Je ne me laisse pas abattre et ça commence à rouler un peu mieux. Chouette, me dis-je, je ne serais pas en retard à mon rendez-vous avec mes quarante ans. Je tiens le cap et je surveille.. mon rétroviseur, qui me dit qu'un chevalier à cheval, couvert de son armure et de son casque, à vive allure arrive. Depuis la tête et jusqu'au bout des orteils, je sens que je dois faire un geste. Que je ne peux pas faire obstacle à ce héros qui défie les lois de l'écoulement, lent, et qui ressemble, humble mais rayonnant, à un motard. Eh oui, c'est un motard, mais pas banal, pas pal, avec son coiffe qui pourfend l'air, et l'électrise, jusqu'à mes cheveux, noirs, bouclés qui se soulèvent subrepticement et ondulent, parcourus par un frisson, long, très long. Et mon rétroviseur se remplit de ce tourbillon, qui se déhanche, qui maîtrise diablement bien sa superbe bête, la dompte et me dompte avec. Histoire d'une seconde les immeubles se fondent en douces collines, les trottoirs en étincelants ruisseaux et les voitures, le monde, pouf, disparaissent. Plus rien, que lui, et moi. Et là, à son souple déhanchement je réponds avec un mouvement sur mesure, je me rabats pour lui faire de la place. Beaucoup de place. Il me dépasse.

- Oô ! nous exclamons en bonne et attentive audience. C'est tout ? et les voitures, la foule et tout le reste, du quotidien, revient, comme si de rien ne fut ?

- Oui, répond Florence, mais pas avant que quelque chose d'inattendu, de merveilleux, de si peu de chose, d'immense, enfin, ne se passe.. A quelques coudées de ma portière, il s'arrête, franche. Je baisse la vitre mais pas les yeux. Il baisse légèrement la tête mais pas les épaules, carrés, sensuels et chevaleresques. Il porte, le temps d'un battement d'ailes d'un aigle noir, deux doits à la visière de sa tiare. Puis il soulève son petit par brise et dévoile son visage. Je tiens bon, enfin, j'essaie. Je découvre un JB, jeune et bel homme, qui me dévisage pour tout de suite m'envoyer, du bout de ses lèvres bien tracées, un baiser volant qui décolle depuis la paume de sa main transformée en véritable plateforme de lancement des missiles visant le cœur de LA JEUNE FEMME que j'étais. Et QUE JE SUIS.

VII.4 NOUVEAU COMMENCEMENT

Le baiser

Elle se laissait suivre, je l'ai suivie. Sans signe apparent, pas de regard, pas de changement dans sa démarche, roulement constant des hanches. Sans emballement elle poursuit son chemin et, sans tourner la tête une seule fois, elle me demandait de la suivre sans que ses lèvres soient effleurées par la moindre esquisse de sourire, encore moins d'ouverture ou de quelque soupçon de son.

Je la suis. Comme dans un rêve. Un passage ténébreux, un couloir sombre, puis un autre, elle avance, toujours sans tourner la tête. Et ça tient, la magie de cette poursuite sans raison apparente aucune, au contraire, une quasi certitude que ça n'a pas de sens mais qu'il s'agit néanmoins d'une réalité. Le cheminement, sur lequel nos pas s'emboitaient, aboutie dans un des immeubles. Elle y rentre, j'y rentre, suivi par notre petite fille qui agite spontanément ses couettes, comme lors d'une arrivée triomphale.

Elle pose ses courses et s'allonge sur un coté sur un grand lit. Je me retrouve, sans avoir l'impression d'avoir agi ou bougé, allongé, face à elle, en miroir. Dès le premier instant de face-à-face, ses lèvres s'entrouvrent, humides et frémissantes et avancent, pour se poser sur les miennes, sans qu'une autre partie de nos corps se touchent. Nos lèvres se touchent, chaudes et humides, frémissent ensemble et le frisson se transmet comme la foudre dans ma poitrine, mon cerveau, mes jambes et entoure mon corps des pieds à la tête, par mille cercles qui tournent comme une tornade, en effleurant délicieusement ma peau, centimètre par centimètre, en sublimant toute la matière de mon être, molécule par molécule, synapse par synapse, en la transformant en éther et ectoplasme inondés d'un confort infini, mille fois plus impressionnant qu'un banal orgasme.

Ca n'a pas duré longtemps, mais peut-on mesurer l'éternité ?

CONCLUSION IN FINE

> « ..cela peut signifier qu'il n'y a pas d'espoir pour la race humaine ; mais il y a de l'espoir pour les individusqui la composent. «
>
> Eric Berne, Des jeux et des Hommes

Par le col qui sépare le plateau de la continuité de la vallée du carpe diem, passe le mince filet de la vie sur terre.

Sur le plateau de la continuité séjournent les êtres conscients.

Dans la vallée des instants favorables sont installés les êtres spontanés.
Un sentier croise, de nombreuses fois, le filet d'eau. Il est accidenté, mais praticable.

Un certain nombre d'individus se laissent glisser, adroitement, sur le filet d'eau et descendent dans la vallée des brèves mais authentiques jouissances.

Une fois descendus par le gaillard filet, bonne partie d'entre eux restent dans la vallée balayée par le vent doux de la chaleur humaine, dans un relatif apaisement.

Seulement quelque uns connaissent et ont le courage de remonter le sentier sinueux et accidenté afin de revenir sur le plateau de la continuité.

Ces derniers, peu nombreux, sont à la fois conscients, spontanés et autonomes...